I0101627

LES STATUTS

DE LA

CORPORATION DES BOUCHERS

DE CHATELLERAULT

Rédigés en 1520

MIS EN LUMIÈRE ET ANNOTÉS

PAR

Le Lieutenant-Colonel E. de FOUCHIER

———•o•———

POITIERS

IMPRIMERIE BLAIS, ROY ET Cⁱᵉ

7, RUE VICTOR-HUGO, 7

—

1892

LES STATUTS

DE LA

CORPORATION DES BOUCHERS

DE CHATELLERAULT

Rédigés en 1520

MIS EN LUMIÈRE ET ANNOTÉS

PAR

Le Lieutenant-Colonel E. de FOUCHIER

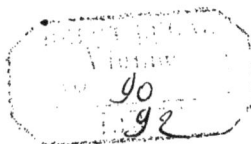

———•O•———

POITIERS

IMPRIMERIE BLAIS, ROY ET Cⁱᵉ

7, RUE VICTOR-HUGO, 7

—

1892

LES STATUTS

DE LA

CORPORATION DES BOUCHERS

DE CHATELLERAULT

Rédigés en 1520

MIS EN LUMIÈRE ET ANNOTÉS

Par le lieutenant-colonel E. DE FOUCHIER

———o—◦◦◦—◦— — —

INTRODUCTION

En parcourant, il y a quelques mois, certains vieux papiers dont M. le docteur Touchois, notre excellent confrère à la Société des Antiquaires de l'Ouest, m'avait prié de déterminer l'importance, mon attention s'est portée sur une copie en bonne forme des anciens statuts de la corporation des bouchers de la ville de Châtellerault.

M'étant assuré que les Archives municipales de cette ville ne possèdent ce document, ni en original, ni en copie, ce qui semblait d'abord justifier l'opinion émise par M. V. de Saint-Genis, dans son introduction à l'Inventaire desdites archives, que les papiers les plus intéressants de l'ancien duché ont été dilapidés à diverses époques, et, en dernier lieu, emportés en Écosse (1), il m'a paru utile

(1) *Inventaire des archives municipales de Châtellerault, antérieures à 1790*, publié en 1877, par M. V. de Saint-Genis, conservateur des hypothèques. — M. V. de Saint-Genis, homme de beaucoup d'esprit et de savoir, a eu le très grand mérite de profiter d'un long séjour à Châtellerault, pour entreprendre le classement des archives municipales de cette ville. Son intention d'en dresser le inventaire complet et détaillé, ayant échoué par suite de l'insuffisance des fonds votés par le conseil municipal, M. de Saint-Genis a dû se restreindre à faire un choix parmi les nombreuses pièces classées par lui, et à signaler aux travailleurs celles que sa vive imagination lui conseillait d'indiquer comme les plus dignes d'intérêt.

de transcrire ces statuts, et, avec l'autorisation de notre confrère, d'en remettre une copie à la Société.

Le document dont il s'agit, vidimé au commencement du xvii° siècle, et par conséquent postérieur d'environ cent ans à l'acte original rédigé en mars 1520, se compose de 25 articles. Il comprend 16 pages in-4° (1). Ces statuts paraissent avoir succédé à d'autres conventions antérieures auxquelles il est fait plusieurs fois allusion, sous le nom de : « *Coustumes antiennes de boucherye.* » Il est probable que ces règlements tombaient en désuétude, puisque les bouchers eux-mêmes avaient reconnu la nécessité d'en faire approuver de nouveaux, par l'autorité seigneuriale et ducale.

Il ne m'appartient pas de retracer ici l'histoire complète d'une corporation assez puissamment organisée pour avoir su maintenir sans interruption, pendant plusieurs siècles, dans un très petit nombre de familles, toutes alliées entre elles, le monopole de la boucherie de Châtellerault. La simple lecture de ses statuts montrera suffisamment au lecteur la juste considération que ses membres prétendaient attacher à l'exercice d'une profession dont la constitution avait été réglementée suivant les principes de la plus respectable moralité. Je n'ai pas non plus la mission de dresser la généalogie des Bachellier, des Biéron, des Gibert, des Serreau et de quelques autres encore, dont tous les éléments sont inscrits de temps immémorial, et à chaque page des anciens registres paroissiaux, aussi bien que dans les archives de la ville. M. de Saint-Genis dit que les Bachellier étaient syndics de la boucherie dès 1360 ; à cela près du mot *Juré* qu'il convient, selon moi, de substituer à celui de *Syndic*, qui me paraît trop moderne, cette assertion est applicable à

J'extrais de son *Introduction* ce qui suit : « Les Anglais d'abord, les Allemands « de Coligny ensuite ont emporté ou détruit la majeure partie des papiers d'ar- « chives antérieurs aux dernières années du xvi° siècle (p. 12). Les archives du « duc d'Hamilton, conservées au château d'Haran, en Ecosse..., renferment les ti- « tres de la seigneurie de Châtellerault, de 1486 à 1360. » (Dito, p. 12, note 36.)

(1) Cette copie a été faite par le sieur Berthon, qui dit avoir reçu l'original de maître Mathieu Leigné, dont l'abbé Lalanne, faisant l'historique d'une maladie contagieuse qui désolait la ville, en 1630, rapporte ce qui suit : « La maison de « maître Mathieu Leigné, procureur, ayant été visitée par la contagion, et ce der- « nier, nonobstant les ordonnances de police, n'ayant pas cessé de communiquer « avec les autres habitants, on lui commanda, le 8 juin, *de se retirer de ceste ville* « *et fauxbourgs et de ne rentrer sans permission du corps de ville, sur peine de* « *prison et d'etre arquebuzé,* etc.. » (*Hist. de Châtellerault,* t. II, p. 132.) Ce n'est que depuis cette époque que le parchemin original des statuts a disparu.

la plupart de ces familles, dans lesquelles la profession de boucher
s'est perpétuée jusqu'à nos jours (1).

 La supplique adressée au duc de Châtellerault ne fait connaître
ni les noms, ni le nombre des membres de la communauté des bouchers. Des documents, qui embrassent toute la durée du xviiie siècle,
donnent la certitude qu'elle se composait de douze à seize maîtres,
chiffre qui n'est pas sensiblement inférieur à celui d'aujourd'hui,
malgré l'agrandissement de la ville qui a vu doubler au moins sa
population (2). Entre ces maîtres, presque tous parents, les intérêts

(1) M. de Saint-Genis paraît montrer une préférence pour la famille très nom-
breuse des Bachellier, dont le nom frappait, sans doute, très souvent ses regards,
pendant la confection de son Inventaire. En certains endroits, il analyse des faits
dont l'énoncé, souligné et affriolant, invite le lecteur à croire, tantôt à un drame
de famille, tantôt à une réjouissance publique, originale et curieuse. C'est ains
que, le 26 mars 1772, le boucher François Bachelier est signalé par lui comme
étant mort *sur son étal*, à l'âge de 80 ans. L'acte de décès consulté ne fait malheureusement aucune mention de cet événement tragique. Il constate purement et
simplement la mort que rien n'indique même avoir été subite. A une époque anté-
rieure, le 26 novembre 1690, « Messire Ragot (curé de Châteauneuf) *au milieu
« d'un grand concours de parents et d'amis*, donne le certificat pour se marier à
« l'église Saint-Jacques, à Guillaume Bachellier, qui doit épouser Perrine Verreau
« (pour Serreau) et à Renée Bachellier, sa sœur, qui doit épouser Jean Verreau
« (pour Serreau). *Tous les bouchers de la ville et des faubourgs à cheval avec des
« musiques font tapage sur le carroy et dans la rue* ». Le registre III, qui men-
tionne le certificat en question, ne parle aucunement de cette petite fête, qui n'avait
d'ailleurs, ce jour-là, aucune raison d'exister. J'espérais en trouver le récit détaillé
à la suite du double acte de mariage célébré le 28 du même mois, à l'église Saint-
Jacques, par le vicaire Dubois (Reg. XI, p. 313). Cet acte, qui nomme tous les
parents des deux familles, ne dit pas un mot de la réjouissance signalée à l'Inventaire. Malgré la vraisemblance de cette réunion tumultueuse et musicale, il est
à regretter qu'un Inventaire sérieux comporte de ces phrases à effet, qui trompent
le lecteur et lui font perdre son temps, à la recherche d'une preuve qui n'existe
pas, dans les textes authentiques. Je me borne à ces deux citations dont il me serait
facile d'augmenter le nombre.

(2) Notre très érudit et très obligeant confrère, M. Arthur Labbé, de Châtellerault, m'a communiqué un extrait, fait par lui, des *Mémoires chronologiques pour
servir à l'histoire de la ville de Chatellerault*, rédigés en 1738 par M. Roffay, du-
quel il résulte qu'à cette époque les bouchers étaient au nombre de *trente*. D'après
l'abbé Lalanne, la population était, en 1736, de 9.735 habitants. Ce chiffre de trent
bouchers paraît excessif et non justifié par la nécessité. Il paraît, d'après ces
Mémoires, que les bouchers ne tuaient des bœufs qu'une fois par semaine, ce qui
privait de viande fraîche les Châtelleraudais pendant l'été. Une de leurs excuses
pour ne pas le faire plus souvent consistait à déclarer que la consommation n'é-
tait pas suffisante. Roffay ajoute pourtant que les bouchers tuent au moins 12
bœufs par semaine, et qu'ils sont dans l'usage de s'associer pour la distribution
de la viande. Il invoque l'intervention de la police pour faire changer cet état de
choses qui est préjudiciable aux malades surtout.
 Je ne puis, en cette circonstance, affirmer qu'une chose, c'est que les procès-

ne devaient pas être difficiles à débattre, et les réunions ou assemblées délibérantes devaient être plus pacifiques que turbulentes. J'aime à me représenter ces petites dynasties d'artisans, soucieuses, à tous les degrés, de la bonne réputation de leur communauté, un peu autoritaires, peut-être, dans l'exercice de leur monopole, comme l'étaient toutes les corporations, mais demeurant exclusivement soumises aux lois religieuses et civiles, et sachant apprécier, dans une ville encore mal aérée et mal percée, les nécessités indispensables d'une organisation professionnelle préventive à une époque où les premiers principes d'une hygiène municipale devaient laisser à désirer.

LES STATUTS

« Carles duc de Bourbonnays d'Auergne et de Chaúlt, connes-
« table per et chambrier de France, scavoir faysons à tous presents
« et aduenir, nous avoir receu l'humble supplication des bouchiers
« de ñre ville de Chastelleraud, contenant que pour obuier aux
« grandz faultes et abbuz qui se sont faictes le temps passé, et qui
« se font et commectent de jour en jour, au faict et exercice de
« boucherie en icelle ville, par faulte de y donner bon ordre et
« pollice et de entretenir les statuz et ordonnances qui sont gardées
« et observées en la plus part des boucheries des bouchers des
« bonnes villes et boucheries de ce Royaulme, lesquels abbuz et
« faultes sont et redondent au grand destriment et prejudice de la
« chose publicque, nom seullement de nostre dicte ville mays du
« pays circonuoisin, et de toutes gens passans et repassantz par icelle
« ville ; a ceste cause, iceulx suppliantz voullantz et desirans de
« tout leux pouuoir y donner bonne pollice ordre et prouision, se
« sont assemblez plusieurs fois ensemble, et ont faict certains
« articles et statuz touchant le faict et exercice de boucherie des-
« queulx la tenur sensuyt (1).

verbaux de *bœuf viellé* établis chaque année ne mentionnent, en aucun cas, plus de 15 bouchers prenant part au concours. (*Voir plus loin.*)
En 1891, il y a à Châtellerault 17 bouchers, et la population dépasse 17.000 habitants.
(1) Charles III, duc de Bourbon, d'Auvergne et de Châtellerault, comte de Clermont en Beauvoisis, de Montpensier, de la Marche, etc., gouverneur du Languedoc et de Milan, pair, chambrier et connétable de France, était né le 27 février 1489,

« 1° Et premierement que nul boucher ne fera vendre chair par
« sa femme ou seruiteur, que premier il ne layt mise et détaillée sur
« son estau, sinon que le boucher feust malade en sa maison ou
« absent dabsence necessaireou probable, ausqueulx cas sa femme
« ou seruiteur la pourra vendre, après touteffoysce que ung des
« maistres bouchers ou procureur de ladicte boucherie laura visi-
« tée (1).

« 2° Item que nul bouchier, estant en sentance dexcommunica-
« tion, ne pourra vendre chair en ladicte boucherye jusques ad ce
« quil soyt absoubz et mys hors de ladicte sentence dexcommuni-
« ment (2).

« 3° Item que nul bouchier ne pourra vendre chair en ladicte
« boucherie qui ne soyt bonne et marchande, et sy aulcung y estoyt
« treuué vendant chair qui ne feust bonne et marchande, les mais-
« tres bouchiers dicelle boucherie, appellé le procureur de monsei-
« gneur, pourra prendre ladicte chair et la jecter en leaue ou ar-
« doir et brusler, declaration faicte par monsieur le Sénéchal dudict
« Chaûlt ou son lieutenant, appellez les officiers de mondict Sei-
« gneur quelle ne soyt bonne ne venable, et retenir celluy qui laura
« expousée en vente amandable damande pécuniaire de la somme
« de soixante solz tournoiz ou au dessoubz a la discretion de mon-
« dict sieur le Sénéchal ou son lieutenant, laquelle amande sera
« applicquée, moictié a mondict sicur et moictié a la confrairie des
« bouchiers quilz ont de coustume dentretenir en lhonneur de la
« Trenité (3).

de Gilbert de Bourbon, comte de Montpensier, et de Claire de Gonzague. Les grandes
et belles actions de sa jeunesse lui valurent, en 1515, la dignité de connétable, de
la part du roi François I⁰ʳ. Des discussions d'intérêts, des compétitions d'héritage,
suscitées par la mère du roi et aveuglément agréées par ce dernier, aigrirent le
duc Charles, au point de lui faire oublier ses devoirs et d'en faire un traître à sa
patrie. Il fut tué au siège de Rome, dans les rangs de nos ennemis, le 6 mai
1527.
(1) Cet article me semble inspiré par un sentiment profondément honnête, et
constate le principe de responsabilité, fort en usage dans la plupart des jurandes.
(2) On serait tente de croire que le vent de la Réforme avait déjà soufflé sur la
population Châtelleraudaise, et que ces familles de bouchers, sincèrement attachées
à la foi catholique, cherchaient à s'en garantir.
(3) Salubrité et qualité des viandes exposées et vendues, exigées sous peine de
punitions sévères et d'amende, au profit de la confrérie des bouchers. Le corps et
communauté des bouchers de Châtellerault s'était placé sous la protection de la
Très Sainte-Trinité. A l'encontre de beaucoup d'autres corporations, dont les ban-
nières représentaient des instruments ou des outils de leur état, les bouchers de

« 4° Item que nul bouchier de ladicte boucherie ne pourra vendre
« ou faire vendre chair de pourceau mizeau en icelle boucherie, ne
« souffleront en ladicte chair de pourceau, et sy aulcung des dictz
« bouchiers faict le contraire, les maistres bouchiers jurez prendront
« ladicte chair pour estre confisquée en la manière dessus dicte, et
« sera constitué icelluy bouchier en lamande de ladicte somme de
« soixante solz tournoiz ou au dessoubz, à applicquer comme des-
« sus (1).

« 5° Item que nul desdicts bouchiers ne aultre ne pourra vendre
« ne faire vendre chair en ladicte boucherie, ne ailleurs, qui soyt
« attainte de fictz, ne expouser en vente beste qui soyt sandrée, sur
« payne de perdre ladicte chair et de lamande dessus dicte à applic-
« quer comme dessus (2).

« 6° Item et est prohibé et deffendu à tous les bouchiers de ladicte
« ville, de nom toucher ne manger chair de bœuf, vaches, ne aultres
« bestes venantz de mortalité, sur payne destre priuez dung an
« vendre chair en ladicte boucherye, ne ailleurs, et de lamande
« dessus dicte (3).

« 7° Item que nul homme ne sera receu par cy après, sil nest
« filz dung des maistres au mestier de bouchier en ladicte ville, ou
« quil preygne en mariage a femme et espouse une des filles des
« maistres bouchiers de ladicte boucherie, et sil aduenoyt que la
« femme de celluy qui sera bouchier a cause de sa femme, fille de
« lung des dictz bouchiers de ladicte boucherie, aille de vie à tres-
« pas et que le mary dicelle deffuncte preigne une aultre fille en
« mariage qui ne pretende le droict de ladicte boucherie, et il ayt

Châtellerault portaient : « *d'azur à une trinité d'or.* » (*Arm. gen. Poitiers*, page
487, dessin communiqué par M. Léopold Delisle.)

(1) *Mizeau, Mezeau*, expression synonyme de *ladre* (Godefroy). Le fait de
souffler un pourceau est encore, paraît-il, connu de nos jours. Cette action avait
pour conséquence de donner à un porc maigre l'apparence extérieure du veau. Elle
se pratique quelquefois encore ; mais elle n'est pas en usage dans les boucheries
qui se respectent. (Renseignement recueilli chez M. Georges Bachellier, boucher à
Châtellerault.)

(2) *Fict* ou *Fic*, est une excroissance charnue en forme de figue. « Nul boucher
« pourra tuer en la boucherie une grosse bête qui aura le *fic* ; et au cas qu'il serait
« trouvé sur aucune, il perdroit la bête, et serait arse devant son huys. » (Lacurne
Sainte-Palaye, t. VI, p. 203.) — *Sandrée*, ou *Cendrée;* la chair des vieux verrats se
pique souvent d'innombrables petites taches grises, couleur de cendre.

(3) Mesure préventive, sans doute, pour ôter aux bouchers peu délicats l'envie
de vendre des bêtes mortes de maladie.

« des enffans dicelle femme, ilz ne seront bouchiers, sy non quilz
« feussent de congnoissance et du pays experimentez on dict faict
« de boucherie, et quils ayent faict les sermentz en tel cas requis
« et accoustumez, et les queulz, on dict cas, les dictz maistres seront
« tenuz les recepuoir (1).

« 8° Item quand une fille de bouchier de ladicte boucherye est
« mariée à son premier mary et il nest passé maistre bouchier et il
« se meurt, ladicte femme fille de bouchier pert son droict de ladicte
« boucherye, excepté quelle peut bien vendre des trippes durant
« son vefuage, et sy elle se remarie a aultre homme que destat de
« bouchier, elle nen vendra nulles (2).

« 9° Item que nul desdictz bouchiers ne achaptera aulcuns por-
« ceaulx, ne aultres bestes de barbiers, ne de maréchaulx, et sil les
« achapte ne les expousera en vente en la boucherye, ne aussy aul-
« cune chaire de cheures, ne de boucz, a payne de confiscation des
« dictes chaire et damande arbitraire touteffoys nest entendeu quilz
« ne puisse vendre cheuures et boucz hors de ladicte boucherye (3).

(1) Article évidemment inspiré par la crainte de voir les héritages s'amoindrir
en s'éparpillant au profit d'autres corps d'états. Le Reg. XLIII fourmille d'actes de
réception de maîtres bouchers, dans ces conditions, pendant tout le xviii° siècle.

(2) Conditions draconiennes, conformes aux usages autoritaires de toutes les
corporations.

(3) Cette prohibition formelle était-elle spéciale à la ville de Châtellerault, ou
commune à toutes les boucheries du royaume ? En ce qui concerne les *maréchaux*
on peut tenter une explication. Ces artisans, presque toujours vétérinaires, tenaient
évidemment en leur logis des bêtes malades, qui devaient souvent mourir en trai-
tement; et la population pouvait être incitée à croire qu'un maréchal et un boucher peu scrupuleux s'entendaient pour le débiter, comme viande saine. Allant au
devant des soupçons, la corporation des bouchers s'interdit sous des peines sévères
l'achat de bêtes quelconques, *provenant* des maréchaux, ce qui était éminemment
hygiénique et moral.

Mais, que dire des *barbiers* ? Les statuts de cette corporation étaient extrême-
ment rigoureux. Il semble, en raison du grand nombre de défenses qui leur sont
faites, que les barbiers, au temps jadis, ne jouissaient pas d'une considération
indiscutable. Sans aller jusqu'à rappeler des crimes parisiens abominables, dont
la légende, au loin vulgarisée, avait pu ternir la réputation de la corporation, il y
a lieu de se souvenir qu'à leur profession de barbier et d'étuviste, ceux-ci joi-
gnaient celle de chirurgien. A une époque où la saignée était réputée panacée
universelle, le sang humain devait affluer en abondance chez les barbiers, et
quelques-uns d'entre eux pouvaient céder à la tentation de livrer ce sang aux porcs
ou autres animaux qui en sont friands. C'est pourquoi leurs statuts leur prescri-
vent *les heures de la journée pendant lesquelles ils devront jeter au dehors et
non conserver le sang tiré aux malades, sous peine de 5 sols d'amende.* Peut-être
la constatation de ces infractions n'était-elle pas assez sérieusement faite; peut-être

*

« 10° Item que la chair qui sera tuée en la dicte boucherye, quelle
« quelle soyt, ilz ne la tiendront en ladicte boucherie, ne la pour-
« ront tenir que le second jour daprès le jour quelle aura esté tuée
« jusque à mydy, durant le temps de la sayson commencant la
« vigille de Pasques jusques au premier jour de septembre, si elle
« nest sallée, sur payne de perdition de ladicte chair et de lamande
« dessus dicte a applicquer comme dessus (1).

« 11° Item que les dictz bouchiers ne aulcun deux ne cuyront
« et ne feront cuyre par eulx, par aultres, chairs aulcunes pour
« vendre, sur payne de ladicte amande (2).

12. « Item que nulz pasticiers ne routissiers ne pourront mecttre
« chair en pasté, ne routir, cest ascauoir : beuf, moulton, pour-
« ceau, ne veau, silz ne lacheptent desdictz bouchiers; mays sil
« leur demouroyt du bœuf, ilz le pourront vendre pourueu quil
« nen y ayt point en la dicte boucherye (3).

« 13° Item que sy aulcun desdits bouchiers a faict tenir chair
« pour vendre du jour au lendemain, il ne la pourra bailler a son
« varlet, ne aultre bouchier, pour aller hors de ladicte ville de Châult,
« à faire marché ne aultre negoce, synon quil la vende a lung
« desdictz bouchiers purement et absolument sans fraulde, mays la
« pourra vendre en sa personne, ladicte boucherye demourant bien
« garnye (4).

« 14° Item en ensuyuant les coustumes antiennes, nul ne pourra
« langoyer pourceaulx au grand marché de Chastelleraud, ne aulx
« faulx bourgs de Chasteauneuf, que les dictz bouchiers de ladicte
« boucherye seullement (5).

aussi la tentation était-elle trop forte pour que les barbiers se conformassent exac-
tement à cette prescription de leurs statuts si formels !

Pour éviter toute supposition bien ou mal fondée de la part de la population,
les bouchers s'imposent d'eux-mêmes l'interdiction d'acheter des porcs ou bêtes
quelconques à des barbiers, dans la crainte que ceux-ci aient pu manquer au
devoir prescrit par les règlements de leur corporation. C'est encore une preuve de
bon sens, qui tourne naturellement au profit général de l'hygiène et de la moralité.

(1) Question de salubrité.

(2) Pour ne pas empiéter sur les privilèges de la corporation des rôtisseurs et
pâtissiers.

(3) Les pâtissiers et rôtisseurs subissent les exigences de la corporation des bouchers qui veulent conserver le monopole de la vente des viandes de boucherie.

(4) Les maîtres bouchers étaient tenus de vendre leur viande en personne (voir
note 1, page 7).

(5) *Langoyer* ou *Langueyer*, c'est examiner la langue d'un porc pour voir s'il

« 15° Item que sil y a aulcung desdictz bouchiers qui face aulcune
« chose contre le serment quil aura faict, soit dachapter porcs de
« barbier ou mareschal, ou quil vende chair de cheuures ou aultre
« chair subsonnée de mortalité, ou quil face chose a luy deffendue
« pour le temps et sayson, il sera retenu en lamande, et luy sera
« deffandu le dauantau et lexercice de ladicte boucherye, jusques
« a ce quil ayt amandé comme dessus, ou aultre temps a lesgard
« de justice (1).

« 16° Item que neulle femme ne pourra vendre trippes en la ville
« de Chastelleraud, sy elle nest ou a esté femme de bouchier,
« enfent, ou fille de bouchier pucelle, et sy son mary qui est bou-
« chier meurt, et elle pregne aultre mary qui ne soyt bouchier, elle
« nen vendra plus (2).

« 17° Item que sil aduenoyt que fille de bouchier née en loyal
« mariage en estat de boucherye, se forface en son mariage ou aul-
« trement ; elle perdra son droict de boucherye (3).

« 18° Item que lesdictes femmes de bouchiers ne pourroient
« vendre aultres trippes que celles qui seront venues et yssues des
« bestes, lesquelles auront tuées pour vendre en ladicte boucherye,
« et ne pourra nul estre receu bouchier en ladicte boucherye quil
« ne soyt de la lignée de bouchier, extraict dicelle boucherye, né en
« loyal mariage, ou quil preigne en mariage la fille dung des
« maistres ainsy que dessus est dict (4).

« 19° Item et en suiuant les antiennes coustumes de bouchiers,
« que aulcun, de quelque estat quil soyt, ne pourra vendre cher
« de boucherye, ne exposer en vente soyt beuf, moulton, veau,
« porc fraye, ne sallé, en la ville et banliefue dudict Chastelleraud,
« excepté les bouchiers de ladicte ville seulement (5).

« 20° Item que nulz ne seront receuz bouchiers dicelle boucherye

n'est pas ladre. « Le prévost de Montlehery lui défendi vendre et langoyer pour-
ceaux » t. VII, p. 144 (LacurneSainte-Palaye). Cette opération délicate, qui se pratique encore à Paris par l'intermédiaire de gens spéciaux, ne pouvait être confiée,
en plein marché, au premier venu. Elle n'était permise qu'aux bouchers seulement.
(1) Mesures préventives; et sanction pénale sévère aux délinquants.
(2) Voir la note 2, page 9.
(3) Question de haute moralité.
(4) Voir la note 2, page 9.
(5) Monopole et privilège exprimé une seconde fois: Il n'y a que des maîtres
bouchers appartenant à la corporation qui puissent exposer et vendre des viandes.

« quelz quilz soyent, filz de maistres ne aultres silz ne veullent
« exercer ledict mestier de bouchier et quilz ne soyent expérimentez
« par ung ou deulx desdicts maistres bouchiers, et sy ainsi est quil
« veullent user daultre mestier après ce quilz seroyent passez
« maistres, les maistres bouchiers le pourront faire priuer dexercer
« ledict mestier par ledict senechal ou son lieutenant, comme ilz
« exerceront aultre mestier ou négociation (1).

« 21º Item que les dictz bouchiers pourront deux foys lan
« eulx assembler a tel jour que bon leur semblera en la boucherye
« du dict Chastelleraud, pour traicter de leurs besongnes et affaires
« communes de la dicte boucherye seullement, et pourront, une
« foys lan, eslire deux maistres bouchiers pour faire la visitation
« dudict faict et exercice de la dicte boucherye, appeller les dicts
« officiers pour le dict an et les presenter au dict senechal ou son
« dict lieutenant, en la présence dudict procureur et les commec-
« tre et instituer maistres bouchiers, et pareillement pourront a
« la dicte assemblée faire et traicter du faict de la dite confrairie,
« pieca ordonnée par eulx enlhonnenr dc la Saincte Trinité, et aussy
« fer ung ou plusieurs procureurs sy mestier est, pour le faict de
« la dicte confrairie et aultres négoces du dict mestier, tant seulle-
« ment; les queulx maistres bouchiers auront pouuoir, autorité et
« puissance. et seront tenuz de prendre ou faire prendre, appellé le
« procureur de mon dict sieur et officiers les choses dessus dictes,
« par la manière dessus dicte pour icelles faultes et abbuz qui seront
« faictes et commises audict mestier, reueller a justice et faire
« corriger ainsy que dessus est dict, et quil sera trouué par rai-
« son (2).

(1) Le Reg. XLIII peut être consulté à cet égard. Les actes de réception sont
nombreux.

(2) « La corporation des bouchers de Châtellerault possédait quatre jurés, qu'elle
nommait pour deux ans, et qu'elle renouvelait chaque année par moitié. » (Voir
au Reg. XLIII, ces nominations pendant toute la durée du xviiiᵉ siècle.) La liberté
de réunion lui était reconnue deux fois l'an, pour traiter des affaires communes de
la boucherie, et aussi de celles de la confrérie de la Sainte-Trinité. Par la suite
des temps, au fur et à mesure de l'avancement de la civilisation, après la création
du corps de ville, qui donnèrent naissance à des ordonnances multipliées, les
maîtres bouchers durent être amenés à traiter dans leurs réunions, devenues plus
fréquentes sans doute, des questions que n'avaient point prévues leurs statuts.
Telles furent celles qui concernaient le concours des animaux gras, le dernier jeudi
de carnaval ; ayant pour conséquence l'adjudication de la boucherie de carême ; la
joûte avec des lances et à cheval, dans la cour du château, le jour de la Trinité;

« 22° Item a ladicte Assemblée et eslection desdicts maistres
« jurez bouchiers, seront tenuz estre et comparoir les dicts bou-
« chiers de la dicte boucherye, au jour qui leur sera notiffié et faict
« asscauoir sur peyne de priuation du dict exercice de bouchier,
« jusques à ung an et de lamande dessus dicte, et jureront les dictz
« bouchiers de la dicte boucherye, qui a present sont et ceulx qui
« seront au temps aduenir receuz, de bien et loyaulment faire et
« exercer lé dict mestier de bouchiers, sans y faire ne y mectre
« aulcune faulte ne abbuz, et de garder, et entretenir, et obseruer
« les statuz et ordonnances dessus dictes et les poinctz et articlez cy
« dauant escriptz (1).

« 23° Item, les beufs, vaches, veaulx, moutons, porceaux
« quilz auront a détailler en la dicte boucherye, et aussy les cheu-
« ures et boucz qui sont a détailler hors de la dicte boucherye, se-
« ront tués en une tuerye que mondict sieur fera pour ce faire,
« construyre et édiffier sur le bort de la riuière de Vienne, affin que
« les superfluittez des dictes bestes, lesquelles par cy dauant, on
« a tué, chacun en son logis, ne portent infection en la dicte ville
« et faulx bourgs dicelle (2).

« 24° Item que les dictz bouchiers ou leurs successeurs à per-
« pétuel, seront tenuz de payer à mon dict sieur, pour chacun bœuf
« ou vache quilz tueront, deux deniers tournoiz, et pour chascun
« mouton, cheuure ou bouc, ung denier tournois par les mains du

des requêtes présentées à l'autorité dans le but de faire observer le repos du dimanche, etc. Toutes questions importantes dont je parlerai plus loin.
(1) Il y a une pénalité sérieuse encourue par les membres de la corporation qui,
étant dûment convoqués pour l'élection des maîtres jurés, ne se rendent pas à la
convocation. Décidément, ces gens du moyen-âge et de la Renaissance étaient
intelligents et pratiques, et nos fanatiques amants du suffrage universel, si mal
pratiqué de nos jours, feraient bien de ne pas trop les tourner en dérision et de
prendre modèle sur certaines de leurs anciennes coutumes. Malheureusement, il
est de tradition courante, dans un certain milieu, qu'en France tout date de 1789!
(2) Le vœu si sage, exprimé dans cet article, a été exaucé seulement le 14 jan-
vier 1820. Il a fallu à l'autorité châtelleraudaise *trois cents ans*, *jour pour jour*,
pour donner satisfaction aux bouchers et à la population, en dépit de la peste et
autres maladies contagieuses qui ravagèrent la ville au xviiᵉ siècle. Par délibération du conseil municipal, 30,110 fr. furent destinés à l'établissement d'une tuerie
publique à l'entrée du *pré de l'Assesseur*, sur la rive gauche de la Vienne, d'après
les plans de l'architecte Renaudet, et dans des terrains achetés par la ville. L'art.
15 du Règlement de l'abattoir dit formellement que les habitants *pourront conti-
nuer à abattre dans leur logis, mais les cochons seulement*, après avoir acquitté
les droits. C'est la preuve qu'il n'existait nulle part, jusqu'alors, de tuerie publique.

« récepueur de la dicte seigneurye et du fermier du dict droict (1).

« 25° Item et seront tenuz les dictz bouchiers dentretenir la
« dicte boucherye de bonnes chars, sellon la saison, bien et compe-
« temment pour lentretenement des habitans de la dicte ville, sur
« payne damande arbitraire, les queulx articles dessus incorporez,
« les dictz supplyants ont présente a nos officiers audict lieu de
« Chaûlt, pour les veoir et visiter, lesqueulx noz officiers de sur ce
« meure délibération, ont iceulx articles et statuz trouuez utiles et
« proffitables au proffict de la chose publicque de la dicte ville, ainsy
« quil se faict en aultres bonnes villes de ce Royaulme. Touteffois,
« pour lapprobation diceulx articles et affin que tous iceulx bou-
« chiers qui sont et seront en la dicte ville, soyent plus enclines de
« les garder, obseruer, et craintifs de les enfraindre, les dictz sup-
« pliantz désiroyent quilz feussent par nous confirmez et approuuez
« en nous humblement requérants sur ce notre grace (2).

« Parquoi, nous, les choses dessus dictes considérées, les dictes
« statuz, articles et ordonnances dessus transcriptes auons louez, ra-
« tiffiez, approuuez et confirmées, et par la teneur de ces présentes,
« louons, ratiffions, approuuons, et confirmons et voullons, que do-
« resnavant, ilz soyent par les dictz bouchiers gardez, entretenuz,
« et obseruez, de poinct en poinct, sans enfraindre ; sy donnons
« en mandement par ces présentes, nostre senechal de Chaûlt,
« et tous nous aultres justiciers ou à leurs lieutenantz et chascun
« deulx comme à luy appartiendra, que de nos dictes graces, ratif-
« fication, approbation et confirmation ilz facent, souffrent et lais-
« sent les dictz suppliantz joyr et user plainement et paisiblement,
« sans leur faire, mectre ou donner ou souffrir estre faict, mis ou
« donné arest, ne pour le temps aduenir, aulcun destourbier ou
« empeschement à ce contraire, et les dicts articles et ordonnances
« dessus transcriptes, ilz entretiennent, gardent, et facent entrete-
« nir et garder de poinct en poinct, sellon leur forme et teneur en
« contraingnant ou faisant contraindre ad ce faire et souffrir tous
« ceulx qui, pour ce, seront à contraindre par toutes voyes dheues
« et raisonnables, et affin que ce soyt chose ferme et a toussiours,

(1) Cet article était la conséquence de l'établissement d'un abattoir.
(2) Mesures d'ordre et de sécurité publique.

« nous avons faict mectre notre scel a ces présentes, sauf nostre droict
« en aultre chose et laultruy en toutes.

« Donné à Chastelleraud, au moys de mars, lan de grace mil cinq
« cens et vingtz. Ainsy signé : Marillac. Et le reply est escript : **par**
« monseigneur le duc, le sieur de Moutaro, gouverneur de Chastel-
« leraud, maistre Françoys de Barbancoys, maistre des requestes et
« aultres présentz ; ainsi signé : de Marillac. Scellé de cire verte et
« ledict scel appousé sur cordons rondz de soye rouge et vert.

« Berthon.

« *Pour coppye.*

« Receu loriginal de

« M^{tre} Mathieu Legné (1). »

APPENDICE

L'établissement d'un concours de bœufs gras, dont le plus beau
devait être promené au son de la vielle, dans toute la ville et les
faubourgs, le jeudi précédant le carême, paraît postérieur à la date
des statuts qui ne laissent rien supposer de cette cérémonie.

Cette ancienne coutume de promener un bœuf à travers les rues,
dernier reste du paganisme, n'était déjà plus, paraît-il, sous Charles V
qu'un simple divertissement de la population de Paris, auquel les
bouchers ne prenaient aucune part. Ce n'est qu'à partir du xve siècle,
après la création de quatre grandes boucheries, que les bouchers
payèrent le bœuf destiné à cette promenade. Une ordonnance de
février 1587, ayant augmenté le nombre des boucheries, les dernières créées, pour rivaliser avec les anciennes, tinrent à honneur
de fournir le bœuf gras et l'argent nécessaire à la fête qui, dès lors,
prit une grande importance. Les provinces ne tardèrent pas à imiter
les Parisiens, et chaque corporation de bouchers voulut aussi avoir
son bœuf. Les Reg. XLI et XLII des Archives de Châtellerault contiennent à partir de 1714 jusqu'en 1785, les procès-verbaux de réception du bœuf gras, dit *bœuf viellé*, dont suit un spécimen :

« Aujourd'hui mercredy septieme feaurier mil set cent quatorze,

---

(1) Voir note 1, page 4, pour Mathieu Leigné. — L'abbé Lalanne, dans sa liste
des gouverneurs du pays Châtelleraudais, ne nomme point le sieur de Moutaro.

« sur les neuf ou dix heures du matin, nous Pierre Claude Fu-
« mée..., etc., lieutenant général civil et criminel et de police, etc.,
« à la Sénéchaussée royale de Châtellerault, nous étant transporté
« sur la place publique de cette ville, ayant avec nous, Mᵉ Fulgent
« Becongnée, notre greffier de police, a comparu en sa personne, le
« procureur du Roy, lequel nous a dit et remontré que suivant l'u-
« sage et les droits de ce duché, les maistres bouchers de cette dite
« ville et fauxbourgs ont accoutumé de représenter leurs bœufs
« pour être l'un d'eux viellé, et requiert que tous les dits maistres
« ayent à représenter présentement leurs bœufs, à la charge que
« celluy des dits bœufs qui sera jugé le meilleur et le plus beau sera
« viellé, et que le boucher auquel il appartiendra aura seul le droit
« de vendre et débiter de la viande aux malades et indisposés pen-
« dant le caresme prochain, et payant par luy la somme de qua-
« rante-cinq livres ès mains du receveur de l'hopital général de ce
« lieu, pour aider à la subsistance des pauvres qui y sont enfermés ;
« et qu'en cas qu'aucun des dits bouchers ne représentent leurs
« bœufs, qu'il sera condamné en vingt ivres d'amende applicable
« au profit desdits pauvres dudit hôpital, et notre jugement exécuté
« nonobstant opposition ou appellation quelconque, etc... Sur quoy,
« nous avons audit procureur du Roy octroyé acte de sa comparu-
« tion, etc., et ordonné que tous les maistres bouchers représente-
« ront leurs bœufs pour être à l'un d'iceux au choix des maistres
« jurés, etc. Les dits bouchers ont présenté dix-sept bœufs appar-
« tenant scavoir: ung à Pierre Cibert, ung à Damienne Chauvette,
« ung à André Lebeau, ung à André Torsay, ung à Fulgent Joubert,
« ung à Pierre Bachellier, ung à André Bachellier, ung à Georges
« Berthon, ung à François Bachellier, ung à Jean Bachellier, ung à
« Michel Serreau, deux à Pierre Dupleix, ung à Georges Pouvreau,
« ung à Guillaume Bachellier et André Serreau, et deux à René Bié-
« ron, lesquels ayant été visités par lesdits quatre maîtres jurés ils
« ont jugés le bœuf appartenant à Pierre Cibert, le plus beau et le
« meilleur du nombre de dix-sept bœufs représentés, etc... Avons
« ordonné qu'il sera viellé demain dans tous les cantons, carrefours
« et place publique de cette ville et fauxbourgs aux frais dudit Ci-
« bert à la manière accoutumée, à quoy il s'est soumis. Faisons def-
« fense à tous autres bouchers d'en faire vieller à peine de confis-

« cation et de cinquante livres d'amende, ce qui sera exécuté, etc.,
« à la condition que ledit Cibert vendra et débitera de la viande aux
« malades, et pendant le caresme tiendra sa boucherie garnie de
« bonne et suffisante viande qu'il vendra sur le pied par nous
« réglé, etc. Signé : FUMÉE (1). »

L'usage d'imposer la fourniture de la viande de Carême au boucher dont le bœuf avait été viellé et couronné n'a pas toujours
existé. Le procès-verbal de l'année 1759 n'en fait plus mention.
L'autorité avait décidé que cette fourniture aurait lieu par adjudication ; mais il est à remarquer, dans les procès-verbaux dressés à
cette occasion, que c'est presque toujours le boucher couronné qui
consent le plus fort rabais (Reg. XLII). A cette même date de
1759, le concours ne comporte que huit bœufs répartis entre neuf
bouchers seulement. Le vainqueur fut le boucher René Biéron
père, qui était également le lauréat de l'année 1733 (Reg. XLI).

Une cérémonie d'un autre genre réunissait encore annuellement
les maîtres bouchers. L'abbé Lalanne, dans son *Histoire de Châtellerault*, rappelle que « de temps immémorial au jour et fête de la
« Trinité, les bouchers et les cordonniers, à tour de rôle, joûtaient
« à cheval de *la perche* et de la lance, dans la cour du château.
« L'arme ayant été visitée et essayée par le Prévôt, chaque cavalier
« se rendait dans l'après-midi au lieu désigné. Là, en présence du
« juge, des officiers de la justice seigneuriale et de la foule, toujours
« avide de ces fêtes bruyantes, tous les joûteurs devaient briser leur
« lance à l'encontre d'une quintaine fichée en terre et préalablement
« couronnée par l'un d'eux ». (T. I, p. 135.)

Effectivement, le Reg. XLII contient plusieurs procès-verbaux de
cette joûte. Le plus ancien, daté du 5 juin 1757, ne donne aucun
détail sur l'antiquité de cette fête, dont il n'est pas question dans
les statuts de 1520, ce qui inviterait à lui supposer une origine pos-
térieure. Il semble même qu'à cette époque cette fête dégénère en

(1) Des procès-verbaux analogues faisant connaître chaque année les noms des
jurés, celui des exposants et celui du vainqueur, constituent l'état véridique du
personnel des maîtres bouchers de Châtellerault pendant le xviiie siècle. En 1785,
les concurrents se nommaient : Pierre Bachellier-Briault, Pierre Bachellier, Etienne
Bachellier, Pierre Bachellier-Rochon, Antoine Biéron, Michel Serreau, Vve Serreau,
André Serreau et Pierre Bachellier-Dreau. Le vainqueur fut Pierre Bachellier-
Briault.

corvée peu agréable. Le procès-verbal susdit est intéressant parce
qu'il fait connaître le nombre des bouchers qui ont jugé à propos
de se dispenser d'y assister, au risque d'encourir une condamnation
à l'amende, qui, en effet, est prononcée contre eux. En voici la
teneur :

« Aujourd'hui, cinq juin mil sept cent cinquante sept, dimanche
« de la Trinité, sur les trois heures après-midy, nous Pierre Mas-
« sonneau, seigneur de la Forest, conseiller du Roy, lieutenant par-
« ticulier et assesseur criminel du siège royal et sénéchaussée de
« cette ville de Châtellerault, Mʳ le président lieutenant général
« absent et en minorité, nous sommes transportés à la place publi-
« que et cour du château de ce lieu, assisté de Fortuné Faulcon,
« notre greffier ordinaire en cette partie, en présence du Procureur
« du Roy ont comparu les maitres jurés, corps et communauté des
« bouchers et cordonniers de cette ville, à l'exception de Michel
« Serreau père, Guillaume Bachellier père, François Bachellier
« jambe fine, Antoine Bachellier canard, Guillaume Bachellier fils,
« Pierre Torsay de Sainte-Marte, qui ont été défaillants de se pré-
« senter, les comparants à cheval avec chacun une lance pour être
« par nous et ledit Procureur du Roy visittée pour d'icelles jouter la
« lance à la manière accoutumée un poteau planté à la dite place
« publique auquel mis une couronne, par les dits bouchers qui ont
« joutté la lance et icelle cassée. » (Suit la nomenclature des cordonniers.)

Le procès-verbal se termine par la condamnation des défaillants
à des peines pécuniaires.

Dans les procès-verbaux des années 1761, 1772 et 1775, le nom
des comparants et des défaillants n'est pas désigné, ce qui ôte tout
intérêt à ces documents.

Les fêtes et les divertissements n'étaient pas uniquement l'objet
des délibérations de la corporation des bouchers de Châtellerault.
Une requête présentée le 11 février 1759 à M. le lieutenant-général
de police le prouve :

« Monsieur le président lieutenant général civil et criminel et de
« police de Châtellerault, supplient André Torsay, Pierre Bachellier,

« Antoine Bachellier et Etienne Bachellier, tous maîtres jurés du
« corps et communauté des bouchers, disant que le lendemain de
« la Trinité dernière, ils furent nommés maîtres jurés, et il fut lors
« convenu que pour le bon ordre et par le respect que l'on doit au
« saint jour du dimanche, les bouchers ne tueroient et ne feroient
« point tuer de viande le samedy pour être exposé en vente le di-
« manche ; que les dits bouchers se tiendroient seullement le di-
« manche matin jusqu'à neuf heures à la boucherye pour vendre
« les viandes qu'ils auroient de reste du samedy. Cependant plu-
« sieurs des bouchers qui vendent tant à la boucherye que dehors,
« y contreviennent, ce qui est contraire au bon ordre ; et comme
« malgré les remontrances des suppliants les dits bouchers tuent et
« font tuer de la viande, le samedy pour être exposée en vente le
« dimanche ; c'est pourquoy ils ont recours à vous et requièrent
« que : ce considéré, monsieur, il vous plaira ayant égard à la re-
« montrance des suppliants et y faisant droit, faire défense aux
« bouchers tant de cette ville que des fauxbourgs de tuer ou faire
« tuer de la viande le samedy pour être exposée en vente le di-
« manche ; permettre aux suppliants, en cas de contravention, de
« saisir la viande des délinquants et de les faire assigner pour voir
« dire qu'elle sera confisquée pour être vendue et les deniers en pro-
« venant, être appliqués au proffit de la communauté et être con-
« damnés en trois livres d'amende par chacune contravention et
« aux dépans ; et votre ordonnance exécutée nonobstant toutes
« oppositions ou appellations quelconques et pour provision et pour
« icelle mettre à exécution, mander au premier huissier royal sur
« ce requis, et vous ferez justice. Signé : André Torsay. Bachel-
« lier. »

Cette requête est accordée le 21 février 1759, par Gabriel-Louis
Duchilleau, qui condamne les délinquants à 10 livres d'amende et à
la confiscation de la viande au profit des pauvres de l'hôpital (Reg.
XLI, p. 335).

Les archives municipales, antérieures à 1790, contiennent encore
un grand nombre de pièces relatives aux bouchers de Châtellerault ;
mais, ainsi que je l'ai dit en commençant, je n'avais pas l'intention
d'écrire l'histoire complète de la corporation. Je me contente d'avoir

mis en lumière et annoté des statuts jusqu'alors ignorés, et que le
hasard avait placés devant mes yeux. Les corporations du pays de
Poitou attendent encore leur historien ; puissent les lignes qui pré-
cèdent faciliter sa tâche, en ce qui concerne les bouchers de la ville
de Châtellerault !

1er octobre 1891.

Extrait du Bulletin de la Société des Antiquaires de l'Ouest
(4e Trimestre 1891)

Poitiers, Imp. Blais, Roy et Cie.

www.ingramcontent.com/pod-product-compliance
Lightning Source LLC
Chambersburg PA
CBHW071345290326
41933CB00040B/2403